Zaobchádzanie S Démonmi:

Pochopenie Klinickej Depresie Z Pohľadu Pozostalého

Lady Tracilyn George

© 2016 Lady Tracilyn George

ÚVOD

Každý z nás musí čeliť zložitým situáciám, ale pre tých z nás, ktorí bojujú aj s duševnými chorobami, sa ťažké situácie stávajú nemožnými situáciami. Cítime všetko oveľa hlbšie ako tí, ktorí majú zdravý duševný stav. Berieme všetko osobne - veci, nad ktorými by „normálni" ľudia ani len dvakrát nerozmýšľali.

Naše vnímanie je skreslené, pretože naša choroba ovplyvňuje spôsob, akým spracovávame informácie. Neznamená to, že sme neinteligentní. Naopak, aj tí najintelektuálnejší z jednotlivcov sa vysporiadali s vnútornými démonmi. Ak si vezmete napríklad Edgara Allana Poea alebo Ernesta Hemingwaya - dvaja z najšikovnejších ľudí v histórii - obaja bojovali s depresiou.

Mnohí z nás, ktorí trpíme duševnými chorobami, sa uchyľujú k drogám alebo alkoholu, niekedy aj k obom, v snahe utíšiť hlasy. Nemám na mysli hlasy pripisované schizofrénii, ale hlasy vnútorného dialógu tých z nás, ktorí trpia inými duševnými chorobami. Tieto hlasy manipulujú so slovami a činmi iných ľudí, aby potvrdili, aký máme zo seba pocit.

Pre tých, ktorí nikdy nemuseli znášať mučenie psychologických porúch, je ťažké pochopiť, ako duševné choroby ovplyvňujú myseľ, telo a dušu. Celá vaša bytosť je premožená zúfalstvom - nie je to len vo vašej hlave. Máte pocit, akoby ste sa topili v mútnej depresii.

Pocity skleslosti môžu byť také ohromujúce, veríte, že jediný spôsob, ako uniknúť bolesti, je spáchať samovraždu. Je nespravodlivé obviňovať tých, ktorí spáchajú samovraždu, že sú slabí alebo sebeckí. To je jednoducho nepravda. Tí z nás, ktorí boli samovražední, bojovali v boji už roky a cítime, že neexistuje iná alternatíva. Chceme len, aby bolesť ustala.

Mojím zámerom je pomôcť tým, ktorí nikdy osobne nezažili duševnú chorobu - a nemyslím tým, že jednám s milovanou osobou s duševnou chorobou, ale mali ju sami -, aby pochopili, ako vidíme svet okolo nás. V rámci kapitol sa bude veľa opakovať, ale to má pomôcť ukázať, aká môže byť intenzita a závažnosť choroby. Niekedy je opakovanie samého seba jediným spôsobom, ako ľudia môžu pochopiť zložitosť témy.

Toto je čisto z mojej perspektívy, perspektívy niekoho, kto sa s démonom zaoberal desaťročia a prežil. Zámerom nie je zahrnúť to, ako sa na svoje trápenie pozerajú ostatní s duševnými chorobami.

ODVETVIE NIE JE OBMEDZENÉ NA BATTLEFIELD. SKUTOČNÉ SKÚŠKY ODVAHY SÚ omnoho tichšie. **SÚ TO VNÚTORNÉ SKÚŠKY, AKO OBDOBIE BOLESTI, KEĎ JE IZBA PRÁZDNY, ALEBO STÁLE SÁM, KEĎ STE NESPRÁVNYM KONCERTOM. - CHARLES SWINDELL**

Ľudia s depresiou sú často nepochopení. Aj keď prijatie duševných chorôb prešlo za posledných pár desaťročí dlhou cestou, ľudia ich stále úplne nechápu. Tiež nechápu, ako majú jednať s ľuďmi, ktorí majú duševné choroby.

Nie vždy sa hovorí, ale oveľa dôležitejšie je, ako sa to hovorí. Berieme veci osobne aj v tých najnevinnejších gestách alebo vyhláseniach. Pokiaľ nie ste vycvičeným psychológom alebo psychiatrom, nechceme alebo nepotrebujeme, aby ste nás „napravili", pretože to nie je to, čo chceme. Nemôžete nás opraviť, najmä ak neviete, ako funguje náš mozog.

Existuje čínske príslovie, podľa ktorého štáty nie sú znepokojení tým, že sú nepochopení, skôr sú znepokojení tým, že im nerozumejú. To ma trápi viac ako stigma spojené s ochorením.

Zvládam depresiu, pretože som ju mal väčšinu svojho života; Nezvládam ľudí, ktorí sú blahosklonní a nie sú ochotní počúvať. Pre mňa je to kruté a bezcitné. Možno si neuvedomujete, že to robíte, ale práve vtedy musíte ustúpiť a dobre sa pozrieť na seba a na to, ako druhá osoba reaguje.

Vždy som hovoril, že musíte počúvať nielen ušami, ale na svete sú aj takí, ktorí si zvuk svojho vlastného hlasu užívajú nad prejavom súcitu. Ľudia musia mlčať dostatočne dlho na to, aby mohli spracovať informácie, ktoré sa im odovzdávajú.

Keď niekto s depresiou hovorí, že má svoje chvíle, neskokajte len do toho a povedzte, že každý má svoje chvíle.

Tí z nás, ktorí trpia depresiou, majú „chvíle", ktoré sú oveľa hlbšie a môžu trvať niekoľko dní až mesiacov až rokov. Môžu byť také obrovské; cítime, že na konci tunela nikdy nebude svetlo. Niektorí z nás sú takí zúfalí, že chvíle ukončia, uchýlime sa k tomu, aby sme ich znecitliveli alebo dokonca uchýlili k drogám alebo alkoholu, aby sme prešli k samovražde.

Málokto chápe, prečo ľudia cítia potrebu spáchať samovraždu, a ešte menej z nich to chce pochopiť. Niektorí to vidia ako zbabelostné východisko alebo nemôžu omotať hlavu tým, ako by to človek, ktorý má zdanlivo všetko, čo chce, chcel všetko zahodiť. Samovražda je pre väčšinu ľudí často poslednou možnosťou; toľko rokov bojovali so svojimi démonmi, sú unavení z boja a už si s nimi nevedia dlhšie rady.

Keď sa dopočujem o niekom, kto si vzal život, pýtam sa sám seba, aké veľké bolesti mal ten človek, aby šiel touto cestou. Nehovorím o fyzickej bolesti, ktorá prichádza s depresiou; Mám na mysli duševnú, emocionálnu a duchovnú bolesť, ktorá hrá hry s mysľou. Poznámky, ktoré by ste si mohli myslieť, že sú nevinné alebo nezmyselné, môžu mať traumatický a hlboký dopad na tých z nás, ktorí trpia rôznymi formami depresie.

Naša sebaúcta je tak hlboko prepojená s duševnou chorobou, ktorou sme postihnutí. Zistil som, že čím je depresia intenzívnejšia, tým nižší je náš pocit vlastnej hodnoty.

Niektorým z nás môže trvať roky, kým si vybudujeme svoju sebaúctu, pretože často trvalo roky, kým sme vyhĺbili dieru, v ktorej sme sa ocitli.

Depresia nie je niečo, čo „môžeme prekonať". Ľudia, ktorí nikdy nemali depresiu, nepoznajú neustály pocit smútku, túžby plakať, ale nenájdu slzy a veľkú váhu, ktorú nesú na hrudi.

Keby ľudia vedeli, aký hrozný je pocit, že chcú prísť slzy, nikdy to nebude. Vždy som si myslel, či dokážem iba plakať; Cítil by som sa lepšie. Keď som bol schopný plakať, nakoniec som sa cítil len horšie, pretože som neplakal z nejakého konkrétneho dôvodu.

Pre svoju nedôveru a sebaúctu som prilákal priateľov, ktorí to využili. Keďže som nikdy neveril, že si zaslúžim niečo lepšie, dovolil som im, aby ma psychicky, emocionálne a slovne týrali. Iba posilňovali to, čo som si už o sebe myslel.

Ľudia opäť nechápu, prečo ženy zostávajú v nevhodných vzťahoch, ale podľa mňa je dôvod úplne jasný. Nemyslia si, že by si zaslúžili niečo lepšie, a za tie roky boli pomaly zbití, nevedia o ničom inom. Rovnako ako tí z nás, ktorí trpíme duševnými chorobami, potrebujú empatiu; nepohrdnúť ani pohŕdať.

O TOM, AKO VYZERÁVA DEPRESIA, JE NESPRÁVA. ĽUDIA SI MYSLIA, ŽE STRIEKAJÚ POČAS A RUČÍ SVOJE RUKY. ĽUDIA, KTORÍ SÚ S DEPRESIOU, RÁDNE MAJÚ TIETO EMOTIONÁLNE DISPLEJE. - THOMAS INSIL

Depresiu mi diagnostikovali niečo okolo dvadsiatky. Zvláštne som mal pocit úľavy, pretože som teraz mal meno pre to, ako sa cítim vo vnútri. Celé roky som predstieral, že som vo vnútri šťastný; Bol som v neustálom stave úzkosti a zúfalstva. Internalizoval som všetko, čo robím dodnes. Dovoľujem tiež, aby sa veci vo vnútri hromadili podobne ako tlakový hrniec, takže keď konečne popustím uzdu emóciám, je to väčšinou nad maličkosť.

Pred diagnostikovaním som nechápal, prečo som sa bičoval nad maličkosťami, zatiaľ čo som zdanlivo bral veľké traumatické udalosti s rozvahou. Neuvedomil som si, že to bola súčasť depresie. Doktor Phil McGraw kedysi povedal, že hnev nie je nič iné ako vonkajší prejav zranenia, strachu a frustrácie. V rokoch predtým, ako som vedel, s čím mám do činenia, som dostal záchvaty zúrivosti a zvyčajne, keď som mal svoje záchvaty nálady, bolo to obvykle nad niečím triviálnym, ako je nenájdenie tekutého papiera.

Ako už bolo spomenuté, roky som predstieral, že som šťastný, takže keď som vyšiel zo svojej depresie, nikto mi neveril. Svoju bolesť som skryl tak dobre, že ju ostatní ťažko prijímali. Dodnes dokážem utajiť, ako hlboko cítim smútok a len zriedka dovolím ostatným vidieť čo i len náznak toho, čo sa mi deje v hlave. Nikto nechápe, aký ohromujúci je pocit depresie, okrem tých z nás, ktorí sme ich osobne zažili.

Keď som žil v Arktíde, samovražda zúrila. Okrem toho prevládalo zneužívanie drog a alkoholu. Osobná skúsenosť mi hovorí, že užívanie návykových látok a samovraždy sú spojené. V prvých rokoch mojej depresie - pred aj po diagnostikovaní - som nadmerne pil. Chcel som ukončiť bolesť; Urobil by som všetko, aby som utíšil hlasy, ktoré mi hovorili, že som nedôstojný. Sú to hlasy vnútorného dialógu; šepkanie klamstiev tak hlasno, nie je počuť žiadny iný vonkajší hlas.

To, čo si netrpiaci musí uvedomiť, je to, že tí z nás, ktorí trpia duševnými chorobami, sa vyrovnali s vnútornými hlasmi celý náš život. Nemôžu a nebudú mlčať cez noc, bez ohľadu na to, ako silno ich to povzbudzuje a uisťuje od vonkajších síl. Potrebujeme čas nielen na utíšenie vnútorných démonov, ale na zvrátenie ich účinkov. Posledná vec, ktorú by sme chceli alebo potrebovali, je tá, aby sa to pokúsili napraviť tí, ktorí osobne nezažili duševné choroby alebo nie sú vyškolení v psychológii alebo psychiatrii.

Nemôžete to napraviť alebo nás opraviť, pretože táto práca patrí k tým z nás, ktorí sa zaoberajú démonmi, pretože nemôžete pochopiť, ako démoni pôsobia na svoje zlo. Chápeme, že ľudia chcú pomôcť, a vážime si to. Možno vám navrhnem, aby ste ma podporili, boli ochotní počúvať bez úsudku, neponúkali rady tak dobre, ako by mohli byť, a čo je najdôležitejšie, ponúkli objatie.

Je oveľa jednoduchšie počúvať, čo vám hovorí, ako neustále strieľať ľudí svojimi názormi na túto tému. Akonáhle si uvedomíte, že pôsobíte ako nedôverčivý, bezcitný a ako niekto, kto by radšej počul zvuk vášho hlasu, keď budete pokračovať v rozprávaní, namiesto toho, aby ste sa venovali druhému človeku, bude komunikácia oveľa lepšia.

Keď hovorím venovať pozornosť, nemyslím tým iba počúvanie hovorených slov. Musíte venovať pozornosť očiam, tvári a telu osoby, s ktorou hovoríte. Musíte tiež počuť tón hlasu od druhej osoby.

Ak ste príliš zaneprázdnení ponúkaním rád, bude sa na vás pozerať, že útočíte na jednotlivca, a tí vás za to budú nenávidieť. Musíte preukázať súcit, ale buďte opatrní, aby to bol skutočný súcit a aby ste sa nestali hlupákmi, aby sme sa nemali zľutovať.

NAJDôležitejšou vecou v komunikácii je počúvať, čo sa nehovorí. - PETER F. DRUCKER

Mnoho z nás s duševnými chorobami neverbalizuje, ako sa cítime. Súčasťou toho je to, že si nie sme istí tým, čo presne prežívame, a nerozumieme, prečo sme to práve my. Ak môžeme ťažko porozumieť nášmu duševnému stavu, ako môžeme očakávať, že to ostatní omotajú hlavou?

Je však dôležité, aby tí, ktorí nikdy osobne nezažili depresiu - osobne, ako ju mali oni sami a nepozorovali niekoho blízkeho -, aby pochopili, ako funguje myseľ človeka s duševným ochorením. Musíme byť vypočutí a nevážime si, že nás niekto prehovoril.

O všetkom sme veľmi citliví a akékoľvek komentáre - bez ohľadu na to, ako nevinné to môže byť alebo je zamýšľané - sú brané ako útok. Nechceme, aby s nami zaobchádzali s detskými rukavicami, ale očakávame, že ľudia budú pri oslovovaní ostatných taktní.

Eric A. Burns citoval ľudstvo môže byť dosť chladné k tým, ktorých oči vidia svet inak. Duševné choroby zakrývajú vnímanie postihnutých.

Existuje mýtus, že ľudia s duševnými chorobami sú menej inteligentní ako bežná populácia. To je jednoducho nepravda. Pokiaľ ide o duševné choroby, napríklad fyzické, môžu postihnúť kohokoľvek bez ohľadu na intelekt alebo sociálnu triedu. Duševné choroby nediskriminujú na rozdiel od ľudí.

Ľudia sú cyniční, najmä pokiaľ ide o tému, ktorej nemôžu - alebo ešte horšie - nebudú rozumieť. Duševné choroby nie sú prejavom slabosti, ale sú s nimi spojené stigmy. Stigma je hlavným dôvodom, prečo ľudia nehľadajú pomoc a prečo o nej ľudia nediskutujú na verejnosti.

Tí z nás, ktorí trpia depresiou, sa často stávajú obrannými a rozrušenými, ale ľudia musia vidieť bolesť v očiach a na tvárach. Ľudia musia počuť bolesť v našich hlasoch, keď sa snažíme vyjadrovať, pretože hovoriť, keď máme bolesti, je pre nás to najťažšie. Málokedy pripustíme, keď ubližujeme, takže je nevyhnutné, aby ostatní dávali pozor a počuli, čo sa nehovorí.

Všetci berieme kritiku osobne, ale pre tých z nás, ktorí sú veľmi citliví a mimoriadne kritickí voči svojim vlastným schopnostiam, berieme kritiku zvonka ako potvrdenie svojej vlastnej vnútornej viery. Je pre nás oveľa jednoduchšie prijať negatívnu spätnú väzbu, pretože to je všetko, čo vieme, pokiaľ si pamätáme.

Viem, kam idem a VIEM PRAVDU A NEMUSÍM BYŤ, ČO CHCETE, ABY SOM BOL. - MUHAMMED ALI

Tí z nás, ktorí trpia duševnými chorobami, nie vždy vedia, kam ideme, najmä pred diagnostikovaním a v počiatočných štádiách diagnostiky. Na začiatku sme takí ohromení a pohltení našim trápením, že je nemožné, aby sme uverili, že existuje nádej, aby sme to prekonali.

Bude si vyžadovať čas, aby sme si dostatočne vyčistili myseľ, aby sme vedeli, kam ideme. Toto sa nestane zo dňa na deň. Len sme sa jedného dňa nezobudili s chorobou; vyskytlo sa to v priebehu určitého časového obdobia a každý deň sa to zhoršovalo, až kým konečne nevyhľadáme ošetrenie od profesionála, alebo sa uchýlime k životu. Bude to vyžadovať prácu z našej strany, aby sme sa prepásli cez naše zmätené mysle, ale potrebujeme tiež podporu a súcit od priateľov, rodiny a spolupracovníkov.

Akonáhle sme diagnostikovaní, je to, akoby sme konečne ukázali pravdu. Nie sme blázni ani šialení. Nakoniec boli potvrdené úzkosti a bolesti, ktoré sme cítili. Pri poznávaní pravdy sa teraz môžeme posunúť vpred, uzdraviť sa a dúfajme, že inšpirujeme ostatných, aby vyhľadali pomoc. Pri poznávaní pravdy tiež môžeme osvietiť okolie, aby pochopilo naše trápenie, alebo prinajmenšom zabezpečiť, aby k nám boli menej kritickí.

Keď je pravda odhalená, na strane trpiaceho sa už ospravedlňovať nemôže. Naopak, akonáhle sa odhalí pravda, neexistuje ospravedlnenie zo strany osôb spojených s osobou s duševným ochorením, aby s nimi bolo zachádzané ako s podradnými občanmi alebo občanmi druhej kategórie.

Rovnako by sa nemalo očakávať, že osoba s duševným ochorením bude ako tí, ktorí túto chorobu nemajú. Máme tendenciu byť zdržanlivejší, tichší a introspektívnejší. Len veľmi málo z nás je extrovert a spoločenská bytosť. Pokúšať sa prinútiť nás stať sa niečím, čím nie sme, môže byť mimoriadne traumatizujúce a je to mimoriadne nespravodlivé.

Máme pred sebou vlastnú cestu, ktorú musíme preskúmať, a nemali by sme byť nútení postupovať podľa časovej osi kohokoľvek iného, aby sme ju dokončili. Nemalo by sa tiež od nás očakávať, že budeme zodpovedať štandardu kohokoľvek iného. Už sme voči sebe nesmierne kritickí; nepotrebujeme, aby sa k tvrdému úsudku pridali ďalší.

NAJHORŠÍ ZLOČIN TO FAKTUJE. - KURT COBAIN

Existujú tí z nás, ktorí si nasadili odvážnu a šťastnú tvár, keď sme pod povrchom, sme vystrašení a rozrušení. Očakáva sa od nás, že si budeme držať tuhý horný ret bez ohľadu na to, ako sa skutočne cítime.

Očakáva sa od nás, že sa vyrovnáme so stratou na rovnakej úrovni ako všetci ostatní, ak sú pravdivé; chceme sa uzavrieť pred zvyškom sveta. Bojíme sa, čo by sa stalo, keby sme si dovolili ukázať čo i len náznak toho, ako sa skutočne cítime.

Nechceme pôsobiť slabo, ak by nás niekto náhodou videl, ako prejavujeme bolesť alebo smútok. Bojíme sa, že sa nám budú vysmievať a posmievať sa, takže by sme radšej trpeli v tichosti. Roky som žil na tom, čomu hovorím temná stránka.

Každé slovo, ktoré počujete, každá prečítaná veta a každý pohľad, ktorý sa vám naskytne, vás dostanú hlbšie do priepasti. Cítite, že svet je proti vám a jediný spôsob, ako sa s ním vyrovnať, je zúriť proti silám skôr, ako vás majú možnosť zraziť.

Nič a nikto nemôže na vašej psychike narobiť viac škody ako vaša vlastná myseľ, ktorá vám hovorí, že ste nedôstojní. Všetko ostatné iba ospravedlňuje to, čo na vás vaši vnútorní démoni každú chvíľu dňa kričia. Reagujete negatívne na každý vnímaný útok na vás.

Tí, ktorí nikdy nemali duševné choroby, povedia takmer všetko. Budú tvrdiť, že rozumejú tomu, čo cítite. Len nechápu, čo sa deje v hlave niekoho s duševnou chorobou, aj napriek ich protestom proti opaku.

Pokiaľ neboli väzňami démonov vo vnútri, budú ponúkať rady bez toho, aby úplne pochopili, ako sa choroba prejavuje. Neuvedomujú si, že iba pridávajú k dráme.

Neuvedomujú si, že duševné choroby sú ako fyzické choroby a vy si ich jednoducho nemôžete priať. Duševné choroby je potrebné liečiť liekmi, terapiou alebo oboma spôsobmi. V niektorých prípadoch potrebujú liečbu do konca života jednotlivca.

Duševné choroby sa jednoducho nedokážu „prekonať". Chce to veľa práce a veľkú podporu, aby si prežil zdanie normálneho života. Za tie roky, čo som predstieral, že som šťastný, bolo nesmierne vyčerpávajúce.

Mal som problémy so spánkom, zistil som, že som podráždený a tí, ktorí sa mi snažili pomôcť tým, že na mňa vložili svoj bezhraničný vhľad, sa len ukázali, že ma ešte viac naštvali. Povedať mi, aby som to nechal tak, je ekvivalentné tomu, keď poviem pacientovi s Alzheimerovou chorobou, aby sa sústredil.

Nie je to také jednoduché a poskytovanie takýchto rád preukazuje iba nedostatok súcitu a porozumenia zo strany darcu. To tiež spôsobí, že ten, kto dostane návrh, sa ti bude hnusiť a bude od teba zatrpknutý, aj keď si mal najlepšie úmysly.

Potrebujeme, aby ste nás podporovali, dozvedeli sa, čo môžete o chorobe, a nerozprávajte, keď potrebujeme, aby ste počúvali. Nepredpokladajte, že viete, ako sa cítia, pretože nie. Vystúpite iba ako pompézny, panovačný a nedôverčivý.

DEPRESIA MÔŽE VYZERAŤ HORŠIE AKO TERMINÁLNA RAKOVINA, PRETOŽE SA PACIENTOM NAJAKČNEJŠIE RAKOVINY CÍTI MILOVAŤ A MÁ NÁDEJ A SAMOSTATNOSŤ. - DAVID D. POPÁLI

Tí z nás, ktorí trpíme duševnými chorobami, majú často pocit, že sú nepochopení a neustále pod útokom. Máme pocit, akoby sme neboli hodní chvály a úcty. Tiež máme pocit, akoby pre nás neexistovala nádej a je nemožné, aby sme videli les pre stromy.

Keď sme uprostred choroby, akoby sme šliapali po vode uprostred oceánu. Dúfame, že pomoc príde skôr, ako žraloky, ktoré krúžili a čakali na nás, kým sa potopíme, aby sa mohli nakŕmiť, stať sa nepokojným a zaútočiť. Je nesmierne vyčerpávajúce udržiavať zdanie normálnosti a snažiť sa udržať hlavu nad vodou.

Keď nešliapeme po vode, sme si dobre vedomí, že sup sa týči nad hlavou a je pripravený vrhnúť sa do chvíle slabosti. V obidvoch prípadoch sme si vedomí našej situácie a robíme všetko pre to, aby sme skryli, ako sa cítime voči tým, s ktorými sa stretávame.

Pretože sa tak veľmi zameriavame na udržiavanie nášho imidžu, sme náchylnejší na rozrušené výbuchy, podráždenosť a vnímanie, že svet je proti nám. Je pre nás jednoduchšie byť sám ako komunikovať s ostatnými; nemusíme predstierať, že sme niečím alebo niekým, kým nie sme.

Pretože máme nízke sebavedomie, máme aj nízke očakávania od seba, ale od všetkých okolo nás očakávame lepšie. Myslíme si, že v nás aj tak nikto neverí, takže v čom spočíva dôvera v naše schopnosti? Pretože nemáme pocit, že by sme zodpovedali štandardom našej rodiny a priateľov, nachádzame všetky druhy výhovoriek, aby sme s nimi nemohli tráviť čas.

Tiež nechceme, aby vedeli, ako sa cítime, takže vyhnúť sa im, ako je to len možné, je naše jediné riešenie a niekedy jediná obrana. Posledná vec, ktorú chceme, je, aby sa na nás pozerali zvrchu a vysmievali sa nám, že sa cítime tak, ako sa cítime. Už sa nad tým bijeme. Nemusíme pridávať na dráme a boji.

Môžete urobiť veľa pre to, aby ste milovanej osobe pomohli s duševnými chorobami. Dajte im vedieť, že vám na nich záleží. Jedným z dôvodov, prečo nediskutujeme o tom, čo prežívame, je ten, že si myslíme, že naši blízki nás už nebudú milovať a nebudú tu pre nás, keď ich budeme potrebovať.

Ďalšou vecou, ktorú môžete urobiť, je nechať ich rozprávať. Pre nás je dokonca otvorené hovoriť o tom, čo sa v nás deje, mimoriadne ťažké a frustrujúce. Posledná vec, ktorú musíme, je myslieť si, že nie sme vypočutí. Ak nás neustále vyrušujete alebo sa neustále snažíte vnutiť do nás svoju nekonečnú múdrosť, ukončíme činnosť a už sa vám nebudeme snažiť otvoriť.

Buďte ticho, pretože opäť nechceme, aby ste nás opravili. Chceme, aby ste pochopili, čo prežívame, a chceme, aby ste boli empatickí. Je príliš veľa ľudí, ktorí si zvuk vlastného hlasu užívajú natoľko, že si nevšimnú šepkania kričiacich okolo nich. Nezastavujú sa dosť dlho na to, aby počuli bolesť v hlase vedľa sediacej osoby.

Niekedy, a podľa mňa najdôležitejšie, jediné, čo od toho druhého chceme, je objatie. Teplé objatie môže viesť dlhú cestu k tomu, aby sme mali pocit, že aspoň jednej osobe na nás záleží.

V KNIHE ŽIVOTA NIE SÚ ODPOVEDE V ZADE. - CHARLIE BROWN

Pri jednaní s ľuďmi, ktorí majú duševné choroby, sa nemusí vždy javiť všetko jasné. Je ťažké zamyslieť sa nad tým, prečo môže byť človek postihnutý depresiou, najmä ak má zdanlivo všetko.

Nie vždy máme odpovede sami a nikto na tomto svete nevie o všetkom všetko. Každý, kto tvrdí opak, v skutočnosti o ničom nevie a k druhému človeku prídu ako bezcitný a plný seba. Nikto nemá rád fešáka a hlavne nie niekto, kto sa snaží vyrovnať sa s duševnou chorobou.

Baltasar Gracian raz povedal, že viete alebo počúvajte tých, ktorí to vedia. Ak neviete, aké to je mať depresiu, počúvajte tých z nás, ktorí musia každý deň. Akokoľvek to môže byť pre niektorých ľudí ťažké, je nanajvýš dôležité ich počúvať, pretože pre tých z nás, ktorí sa zaoberajú depresiou, je dvakrát ťažšie o nich vôbec hovoriť, nieto ešte, aby nám o tom niekto prednášal. Ľudia musia pochopiť, že depresia nie je len smútok alebo panika.

Všetci popisujeme, ako sa cítime, rôznymi spôsobmi. Svoju depresiu nazývam Démon a keď som v rukách Démona, hovorím o tom, že som v Priepasti. Ostatní ľudia to môžu opísať ako čiernu dieru alebo ako večné nebezpečenstvo. Neexistujú správne odpovede, pokiaľ ide o to, ako popisujeme naše pocity, ale existujú právne spôsoby, ako sa s nimi vyrovnať.

Len čo nájdeme správnu kombináciu liekov a / alebo terapie, život sa nám uľahčí, ale potrebujeme, aby naši priatelia a blízki boli trpezliví a podporovali nás. Nestane sa to zo dňa na deň a môže trvať veľa pokusov, aby sme našli správne riešenie pre nás.

Je tiež nevyhnutné, aby ste dbali na to, čo by ste povedali niekomu s duševnou chorobou. Dve z najdôležitejších vecí, ktorým sa treba vyhnúť, sú: 1. Všetko je to v tvojej hlave a 2. Všetci prechádzame obdobiami, ako je tento.

V prvom rade to nie je všetko v našich hlavách. Depresia zahŕňa celú našu bytosť a cítime ju od hlavy po päty. Po druhé, všetci neprežívame také časy. Depresia je oveľa hlbšia a oveľa tmavšia ako bežné pocity smútku. Zažívame pocit beznádeje a bezmocnosti.

Nerozumieme tomu, prečo ľudia, ktorí majú byť našimi priateľmi a rodinou, môžu hovoriť veci, aby nám úmyselne ublížili, aj keď to tak nebolo myslené. Keď niekto, o kom sme si mysleli, že môžeme dôverovať, nezdvihne telefón, keď zavoláme, berieme to tak, že nás ignoruje a už s nami nechce mať nič spoločné.

Toto je iba príklad toho, ako tí z nás, ktorí trpia duševnými chorobami, niekedy spracúvajú informácie a svet okolo nás skôr, ako podstúpia liečbu. Skúste si spomenúť: nechceme ani nepotrebujete, aby ste nás opravili. Chceme len, aby ste nám pomohli a podporili nás.

KEĎ ZAKROČÍ BOLO SKÚSENÉ. - ČÍNSKE príslovie

Ľudia s rôznymi formami depresie sa veľmi zriedka oháňajú inými ľuďmi. Je pravdepodobnejšie, že si viac fyzicky ublížime, ako spôsobíme bolesť ľuďom okolo nás.

Aj keď sa naši blízki nakoniec zrania kvôli našim činom, nie je to náš úmysel urobiť. Keď spáchame samovraždu - alebo sa pokúsime o samovraždu - je to preto, že sme na konci nášho dôvtipu a veríme, že nielenže ukončíme svoje utrpenie, ale tiež zbavíme svojich priateľov a rodinu stresu, ktorý nás znepokojuje. .

Ale to, že sme vo všeobecnosti poslušní voči ostatným, ešte neznamená, že sa im nebudeme odvďačiť, keď ich budeme tlačiť. Málokedy diskutujeme o tom, ako sa cítime, nieto ešte rozoberať tému, takže keď to urobíme, je nanajvýš dôležité, aby nás niekto počul. Ignorovanie nás alebo pokrčenie našich obáv ukazuje nedostatok súcitu, ako aj nedostatok porozumenia alebo vedomia.

Duševné choroby nie sú ničím, čo by sa malo ignorovať alebo sa im vysmievať. Je to vážny stav, v ktorom väčšina z nás mlčí a v mnohých prípadoch končí tragédiou.

Jonathan Davis uviedol, že veľa ľudí si neuvedomuje, že depresia je choroba. Nikomu to neprajem, ale ak by vedeli, aký je to pocit, prisahám, že by si to dvakrát rozmysleli, než to len myknú plecami.

Depresia nie je niečo, čo je len vo vašej hlave; je to všetko konzumujúca choroba. Na hrudi sa nachádza záťaž, ktorá sa nikdy nezľahčí. Naše vnímanie je často skreslené. Hoci sa vám čokoľvek, čo poviete alebo urobíte, môže zdať neškodné, môže to vážne poškodiť psychiku tých z nás, ktorí trpíme duševnými chorobami.

Často môžeme nesprávne interpretovať zámery, činy a slová tých, ktorí sú okolo nás. Naše pocity sú zranené na oveľa hlbšej úrovni ako ľudia, ktorí majú zdravý duševný stav. Nielenže pociťujeme bolesť na hlbšej úrovni, ale bolesť trvá oveľa dlhšie ako u všetkých ostatných.

Zdržanlivosti sa držíme dlhšie. Nemôžeme to jednoducho „nechať ísť" len preto, že nás o to požiadajú alebo povedia. Zranenie, ktoré cítime, bolo zapustené do nášho ducha od okamihu, keď k nemu došlo, a nemožno ho ľahko odstrániť.

Tiež umožňujeme, aby sa každá bolesť hromadila v nás, jedna na druhej a tým, že nebudeme diskutovať o tom, koľko bolesti máme, nakoniec to dôjde ku každodennej zmesi. Z tohto dôvodu sa stávame náladovými, bičujeme nad zdanlivo malichernými problémami a pokúšame sa sami seba vážne ublížiť, aby sme uvoľnili tlak.

AK IDEŠ DO pekla, POKRAČUJTE. - WINSTON CHURCHILL

Tí z nás s duševnými chorobami majú často pocit, akoby sme si cestu prechádzali sami, a má pocit, že si prechádzajú peklom. Je to tak preto, lebo o svojej situácii nediskutujeme. Pretože o tom nediskutujeme, nevieme, ako to vnímajú naši priatelia a blízki.

Mnohokrát ľudia v našom okolí vedia, že máme do činenia s vnútornými a vonkajšími problémami, ale nevedia presne, čo znášame. Chcú pochopiť, čo cítime, a zúfalo nám pomáhajú. Nedokážu úplne pochopiť hĺbku zúfalstva, do ktorej spadáme, a mnohokrát to my sami sami úplne nechápeme.

Neočakávame, že ľudia budú vedieť všetko o duševných chorobách, ale očakávame, že budú sympatickí, ochotní počúvať a vyvinú úsilie, aby sa naučili všetko, čo môžu. Nebojte sa nás klásť otázky. Nevadí nám to, pretože to ukazuje, že vám na nás záleží dosť, aby ste sa zaujímali o naše blaho. Dokazuje nám, že si peklom neprechádzame sami, a vďaka tomu je trek oveľa menej zradný.

Michael Markarian uviedol, že sa nemôžeme spoliehať na jednotlivé skutky súcitu. Ojedinelé skutky málo pomáhajú tým, ktorí z nás trpia duševnými trápeniami.

Už toľko rokov sme bombardovaní negativitou - vnímanou aj v skutočnosti - takže je pre nás ťažké opustiť pesimizmus, keď sa stretneme s pozitívom na nepravidelnom základe. Nevieme, ako zaobchádzať s pozitívnymi vibráciami, pretože takéto pocity idú proti všetkému, čomu sme uverili. Je pre nás ťažké uveriť v niečo dobré, pretože sme denne bombardovaní negatívnymi silami, a to vizuálne aj verbálne.

Robíme všetko pre to, aby sme sa odrezali od sveta okolo nás. Keď sa nemusíme stýkať s ostatnými, môžeme sa držať pre seba a držať všetkých ostatných v koncoch. Ak to urobíte, zaistí to, že nikto nepríde na to, že máme do činenia s vnútornými démonmi, a že nebudeme mať vôbec žiadnu sebaúctu.

Aj keď niekoľko ľudí môže byť voči našej situácii empatických, väčšina nedokáže pochopiť, prečo myslíme tak, ako uvažujeme. Jedná sa o jednotlivcov, ktorí nás neustále oháňajú protichodnými tvrdeniami v snahe dosiahnuť, aby sme sa cítili lepšie. Iba to zvyšuje našu neistotu, pretože také manévre vnímame ako útok na to, kým sme.

Nie je potrebné, aby sme vám hovorili, že sme inteligentní, citliví a schopní dosiahnuť všetko, čo chceme. Už to o sebe vieme a máme pocit, akoby tí, ktorí nám hovoria také veci, boli chladní a brutálni. Potrebujeme, aby ľudia boli súcitní a hlavne aby nás iba počúvali.

O tom, čo sa v nás deje, hovoríme tak zriedka, že je nevyhnutné, aby ostatní iba mlčali a hovorili. Neponúkajte rady. Ako sme už uviedli, nemôžete nás opraviť a nechceme, aby ste nás opravili. Chceme, aby ste nás milovali a podporovali.

MÔŽETE ZÍSKAŤ POMOC OD UČITEĽOV, ALE JSTE SA MUSÍŠ SÚČASTNE NAUČIŤ VEĽA, SEDAŤ SÁM V IZBE. - DR. SEUSS

Tí z nás, ktorí trpia duševnými chorobami, musia vyhľadať liečbu od vyškolených terapeutov. Sú to ľudia, ktorí nám dávajú nástroje a vedenie, ktoré požadujeme, aby sme mohli žiť svoj život naplno a zvládať svoj krehký stav mysle. Musíme tiež urobiť veľa práce sami a pri zmene nášho vnútorného dialógu.

To, že sme bombardovaní ľuďmi, ktorí chcú ponúknuť svoje názory a rady - nech už sú to dobre mienené a dobre mienené -, to nám nepomáha. Vážime si, že ich srdce je na správnom mieste, ale hľadiská a rady väčšinou nakoniec bránia nášmu pokroku.

Je to preto, že laici a ľudia, ktorí netrpia, nechápu, ako hlboko je naša choroba zakorenená v našej psychike spolu s komplikáciami choroby. Nemôžeme magicky odstrániť depresiu z nášho tela. Všetko, čo od svojich priateľov a blízkych žiadame, je poskytnúť nám priestor, keď o to požiadame, a tiež objatie a súcit, ak je to potrebné.

Nemôžeme sa uzdraviť, ak sme neustále pod palbou nevítaných rád alebo kritiky. Nemôžeme tiež pracovať na tom, aby sme sa zlepšovali, ak budeme neustále podnecovaní k hľadaniu liečby.

Pocit, že sme vždy pod útokom, je ďalším z hlavných dôvodov, prečo nevychádzame a nepriznávame, že máme problém. Nie je potrebné, aby sme vám hovorili, ako by sme sa mali zlepšovať, alebo by sme sa nemali cítiť tak, ako sa cítime.

Opäť nežiadame, aby ste problém vyriešili alebo zmiernili našu chorobu, pretože si myslíme, že nás to podnieti v hľadaní pomoci.

Naopak, skončí to iba tým, že nás pošlete hlbšie do priepasti našej depresie.

Taktiež vás zaradí na náš zoznam „nenávisti". Už sa vám nebudeme s ničím zdôverovať. Nemôžeme nič povedať nikomu, o kom si myslíme, že mu nemôžeme dôverovať. Máme problémy s dôverou, že budeme spolu a nájdeme akékoľvek ospravedlnenie, aby sme vylúčili ľudí z našich životov, o ktorých si myslíme, že ich pridávajú do nášho negatívneho rozpoloženia.

SKLITIE JE ZA ŽIVOT; ZÁVIERKA JE PRE Mŕtvych. - MARK TWAIN

Akonáhle už nie sme z tohto sveta, už nie sme zaťažení starosťami a starosťami o život. Konečne sme v pokoji a to je to, čo sa tí z nás s duševnými chorobami snažia dosiahnuť a udržať.

Aj keď každý chce dosiahnuť a udržať duševný pokoj, pre tých z nás, ktorí trpia depresiou, je to nemožný sen. Sme vo svojom živote na tak temnom mieste, naša myseľ je v neustálom stave toku a nemôžeme pochopiť, že by sme niekedy zažívali akýkoľvek pocit vyrovnanosti.

Keď máme chvíľu pokoja, vrhá nás to na slučku. Nevieme ako na to. Sme zvyknutí zvládať chaos, takže pri vyrovnávaní sa s dobami ľahkosti sa cítime nepríjemne.

Najčastejšie sa v týchto chvíľach pokoja zdá sa, že panikárime najviac. Myslíme si, že niečo nie je v poriadku, pretože sme presvedčení, že búrka po upokojení vždy rozpúta svoju zúrivosť.

Vždy očakávame to najhoršie, pretože vieme, že to najhoršie sa vždy stane. Z akýchkoľvek dôvodov sa nám zdá, že to najhoršie sa vždy stane. Sme v takom negatívnom duševnom stave; závidíme tým ľuďom, ktorí, zdá sa, majú všetko pre seba.

Nemôžeme zabaliť hlavu nad tým, že život nikoho nie je idylický a že ostatní prežívajú ťažké obdobia. Jediný rozdiel je v tom, že my s duševnými chorobami považujeme každú malú škvrnu za veľkú katastrofu.

Prajeme si, aby sme všetko mohli brať s rozvahou, ale považujeme to za nemožný trek. Naše mechanizmy vyrovnania neexistujú, a preto sa často obraciame na drogy, alkohol, poruchy stravovania a ďalšie spôsoby, ako si spôsobiť ujmu.

Máme kontrolu nad tým, ako zneužívame svoje telo, a to je pre nás nanajvýš dôležité. Cítime sa mimo kontroly nad tým, čo sa deje v našich hlavách a čo sa deje v celom svete, musíme nájsť niečo - čokoľvek - aby sme mali pocit, že máme kontrolu nad svojimi životmi.

Nevidíme to tak, že by sme si tým škodili. Sme v takom zmätenom rozpoložení; nemôžeme vidieť, čo robíme s našimi telami.

Mnohokrát nás to jednoducho nezaujíma. Zameriava to pozornosť od nepokojov v našich hlavách a sme schopní vyrovnať sa s našimi životmi, aj keď dočasne a trochu povrchne.

Veríme, že svoju duševnú úzkosť eliminujeme tým, že ju nahradíme chorobou, ktorú môžeme regulovať. Jednoducho pridávame riadiacu funkciu k životu, ktorý sa vymyká spod kontroly.

KEDY STE ĎALŠIU SUDCUJETE, NEDEFINUJETE ICH, DEFINÍTE SEBE SEBA. - WAYNE DYER

Keď nás budete súdiť za to, že máme psychické ochorenie, zistíte, že ste pompézni a ignoranti. Je ponižujúce a bezcitné, ak trváte na tom, aby ste nám vysvetľovali, ako funguje duševné ochorenie, a naďalej nás informujete o tom, ako je pre nás ľahké sa s nimi vyrovnať.

Ak to budete robiť jasne, nebudete vedieť, ako funguje myseľ človeka s depresiou alebo iným ochorením. Rovnako ako pri rakovine a iných fyzických chorobách sa nedá vyliečiť okamžite, ani si ho len tak priať.

Kvôli mnohým vopred vymysleným predstavám o tom, čo je duševná choroba a ako vyzerá; s týmito z nás, ktorí sa tým zaoberajú každý deň, sú spojené stigmy a predsudky. Život s depresiou je takmer nemožná existencia, pretože je to všetko náročné ochorenie a je bolestivé, keď nás ľudia súdia iba podľa našej choroby.

Na rozdiel od osôb postihnutých fyzickými chorobami, ktoré majú empatiu a porozumenie, sú ľudia s duševnými chorobami často jednoduchí známi ako „duševný prípad". To je mimoriadne láskavé a nespravodlivé.

To, že máme nerovnováhu v mozgu, ešte neznamená, že sme nestabilní. Sme vysoko funkční a vysoko inteligentní.

Existuje viac ako len duševné choroby, pretože to je to, čo máme a nie to, čím sme. Je škodlivé pre ostatných, keď nás kategorizujú bez toho, aby poznali všetky fakty o tom, kto sme a ako sa choroba môže prejaviť u ľudí.

Nie sme ani zďaleka blázni a nie sme klamní. Aj keď je pravda, že svet okolo nás interpretujeme inak ako zdravo mysliaci jedinci, sme v chaose, v bolestiach a len chceme nájsť vnútorný pokoj. Snažíme sa predstaviť si život bez pretrvávajúcej záťaže trikov, ktoré sa hrajú na našu myseľ.

Závidíme tým, ktorí môžu len tak dovoliť veciam krútiť sa chrbtom a kráčať životom ďalej. Je to nad náš rámec chápania toho, ako sú schopní nechať veci ísť a nebudú sa o ne trápiť alebo sa trápiť ďalšie týždne. Chceme byť schopní to nechať ísť, ale nedokážeme to.

To, že nám na to zabudneme, iba zvyšuje našu dramatickosť, frustráciu a úzkosť. Ukazuje to, že nerozumiete duševným chorobám, a vyzeráte bezcitne a bezcitne.

Ako už bolo uvedené, duševná choroba sa nerovná duševnej nedostatočnosti alebo nedostatku. Pretože všetko cítime na oveľa hlbšej úrovni ako mnoho iných, zvládnutie bežných každodenných situácií nám často vyžaduje dvojnásobné úsilie.

Aj tá najminútovejšia situácia, ako napríklad nezodpovedaný telefón, nás môže poslať do vývrtky do hĺbky, ktorá nám bude trvať dni, kým sa spamätáme. Najhoršie na nás môžu mať často vplyv práve maličkosti, ktoré väčšina ľudí opráši. Berieme každý malý detail osobne a nemôžeme pochopiť, prečo ostatní nepociťujú bolesť alebo nepoznajú bolesť, ktorú nám neúmyselne spôsobujú.

Nemôžeme tiež omotať hlavu tým, prečo sa ostatní rozhodnú bagatelizovať to, ako sa cítime, a prečo sa cítime tak, ako sa cítime. Nežiadali sme, aby sme trpeli duševnou chorobou, rovnako ako ľudia s inými formami chorôb a zdravotného postihnutia nikdy nežiadali, aby mali svoje.

Napriek tomu sa od nás často žiada, aby sme svoju chorobu ignorovali a pokračovali vo svojom živote tak, akoby sa nestalo nič zlé.

To, že nevyzeráme choro, ešte neznamená, že nie sme, alebo to iba predstierame. Duševné choroby sú skutočné a je odsúdeniahodné, že nás ľudia ponižujú, pretože si myslia, že nám to pomôže stať sa lepšími, pretože to jednoducho nebude fungovať a iba to zhorší.

SKÚŠKA ČO JE POVEDANÉ, NIE JEHO, KTORÝ Mluví. - ARABSKÉ príslovie

Pre tých z nás, ktorí trpíme duševnými chorobami, nie je ľahké oddeliť to, čo sa hovorí, od toho, kto to povedal. Tieto slová a spôsob ich rozprávania spájame s osobou, ktorá ich vyslovuje.

Aj keď to bolo z vašej strany neúmyselné, to, čo hovoríte v spojení s tónom vášho hlasu, vás zaradí na prvé miesto v našom zozname nenávisti. Naopak, keď hovoríme niečo - čokoľvek - o našej chorobe, musíme byť veľmi pozorne vypočutí a počúvaní. Duševné choroby sú vážnym stavom a významne prispievajú k miere samovrážd. Tým, že budete pozorní k našim potrebám a k našej situácii, môžete byť tou pravou osobou, ktorá niekomu zachráni život.

Pozornosť voči situácii sa nevzťahuje iba na verbalizáciu choroby. Odkazuje tiež na naše náhle zmeny nálady, ako aj na reč nášho tela. Naše správanie sa môže zmeniť na desetník a zvyčajne bez provokácie.

Je to preto, že naša myseľ je v závodnom režime; myslíme na niekoľko vecí naraz a bojujeme s pretriedením podrobností. Pretože naše hlavy sú v neustálom zmätku, budú niekedy situácie, ktoré hovoríme, že nebudú mať pre nikoho zmysel, ale ak budete pozorne počúvať, hovoríme viac, ako si myslíte.

Prosíme o pomoc pri spracovaní našich myšlienok. Opäť neponúkajte rady. Namiesto toho nám položte otázky, na čo myslíme, a dajte nám čas na odpoveď.

Ak nám umožníte úplne a bez prerušenia odpovedať, nielen že sa sústredíme, ale pomôžeme vám dozvedieť sa nielen to, ako funguje naša myseľ, ale aj dozvedieť sa viac o osobe. Naučí vás to tiež trpezlivosti a porozumeniu.

Existuje holandské príslovie, ktoré tvrdí, že trpezlivosť má väčšiu cenu ako bušlicu. Pokiaľ neviete, ako byť trpezlivý s ľuďmi, všetka inteligencia na svete vás nikam nedostane, zvlášť keď jednáte s človekom, ktorý má duševnú chorobu.

Prídu chvíle, keď sa zdáme byť netrpezliví, ale zvyčajne je to z našej strany jednoducho frustrácia. V čase, keď zdanlivo strácame kontrolu, sme vydržali dlhé obdobie, keď sme nechali traumatické udalosti prejsť, bez toho, aby ich zdanlivo ovplyvnili.

Zdá sa, že dokážeme zvládnuť naliehavé problémy bez druhej myšlienky, ale napätie v nás sa neustále zvyšuje, až kým nestratíme nervy. Je pre nás jednoduchšie nahnevať sa a zbičovať, ako povedať ľuďom, že im ubližujeme.

Henry Wadsworth Longfellow kedysi citoval, že každý človek má svoje tajné bolesti, ktoré svet nepozná, a často nazývame človeka chladným, keď je iba smutný. Keď urobíme ostrú poznámku, nie je to preto, že máme krátku poistku; zvyčajne to znamená, že sme ohromení depresiou a nechceme, aby sa ľudia priblížili natoľko, aby vedeli, ako veľmi ubližujeme.

Je pre nás lepšie, aspoň podľa nášho názoru, držať každého pri dĺžke ruky. Týmto spôsobom zabezpečíte, aby ostatní neboli podrobení našim výbuchom, alebo aby ste zabránili tomu, aby nás uviazla v našej dráme.

Čím menej ľudí sa obklopujeme, tým málo ľudí vie o našej chorobe. Jediným problémom izolovania sa od zvyšku sveta je to, že sa izolujeme od zvyšku sveta.

Aj keď si na preskupenie a spracovanie svojich myšlienok vyžadujeme čas a čas, nikdy nie je dobré, aby sme boli dlhšie sami. Kým nebudeme na ceste k uzdraveniu a nebudeme mať nástroje na zvládnutie našej choroby, mali by sme ich pravidelne kontrolovať, ale nie natoľko, aby sme sa tlačili späť. Nechcete náhodou ohroziť akýkoľvek pokrok, ktorý sme mohli dosiahnuť.

JE TO PRÁCA MYSLUJÚCICH ĽUDÍ, ABY NEMALA BYŤ NA STRANE POKUSOV. - ALBERT CAMUS

Odsudzovať duševne chorých z nás je nespravodlivé. Nie sme psychopati a nie sme blázni. Medzi duševnými chorobami a duševnými poruchami je veľa rozdielov. Existujú dokonca rozdiely s rôznymi formami chorôb a porúch.

Rovnako ako ľudia, každý z nich je jedinečný a aj keď pre každého postihnutého existujú spoločné faktory, u postihnutých sa vyskytujú príznaky v rôznej intenzite. Je neláskavé nás všetkých rozdeliť do jednej skupiny, pretože sme ľudia, vďaka čomu je každý z nás výnimočný a jedinečný.

Šikanovanie alebo pomenovanie nás je kruté a nebude nás povzbudzovať k tomu, aby sme sa liečili. Ak niečo, pošle nás to len hlbšie do choroby.

Je to kontraproduktívne a nikdy to nefunguje. Je to jeden z mnohokrát, čo musíte byť ticho a nechať svoje myšlienky pre seba.

Hovorí sa, čím tichší ste, tým viac počujete. Počúvaním nielen tých z nás, ktorí trpíme duševnými chorobami, ale aj každého, získate určitý pohľad na svojich blížnych.

Musíte však venovať plnú pozornosť a nepočúvať hlas vo svojej hlave, ktorý vám hovorí, čo by ste mali povedať ďalej. Nikto nemá rád niekoho, kto je zamilovaný do jeho vlastného hlasu a nikto ho neberie vážne.

Tí z nás, ktorí trpíme duševnými chorobami, musia byť obklopení ľuďmi, ktorým môžeme dôverovať a vieme, že im bude venovať pozornosť. Nebudeme sa zdôverovať nikomu, koho považujeme za tvrdohlavého alebo egoistu.

Čím menej mužov premýšľa, tým viac hovoria, akonáhle citovali baróna Montesquieua. Ak neustále hovoríte svoj názor, nedávate nikomu inému príležitosť vyjadriť svoje názory alebo problémy. Znamená to tiež, že nemyslíte na to, čo sa vám hovorí.

Dajte si čas na spracovanie informácií, ktoré vám boli zaslané, skôr ako odpoviete. Ak hovoríte, keď potrebujeme, aby ste počúvali, urobí vás to nudou a nikto nemá rád nudu, najmä nie niekto, kto má problémy s duševným zdravím.

Často sme dosť frustrovaní, ako je to s ľuďmi, ale dvakrát viac, než sme frustrovaní ľuďmi, ktorí si myslia, že o všetkom vedia všetko, a ich poslaním je odovzdávať svetu svoju nekonečnú múdrosť. Je nevyhnutné, aby si poslucháč kousol do jazyka tak ťažko, ako to pre niekoho môže byť.

Možno si myslíte, že pomáhate, ale v skutočnosti bránite v pokroku, ktorý sme mohli mať, alebo nám bráni v tom, aby sme ho mohli mať. Skúste si predstaviť, ako vás druhá osoba vníma. Je to nesmierne ťažké, pretože ľudia si nechcú myslieť, že na nich narazia ako na vševed.

Existujú ľudia, ktorí nie sú ochotní alebo nemôžu vidieť veci z pohľadu niekoho iného, pretože sa obávajú, že ich názory alebo názory nebudú presné. Radšej by boli sudcami a katmi bez toho, aby získali všetky fakty.

Citát od Ralpha Marstena hovorí, že sa treba vzdať pripútanosti k tomu, aby si mal pravdu a zrazu je tvoja myseľ otvorenejšia. Ste schopní ťažiť z jedinečných názorov ostatných bez toho, aby ste boli ochromení vlastným úsudkom.

Vždy sa vžite do kože toho druhého. Ak máte pocit, že vám ublížili, pravdepodobne ublížia aj danej osobe.

NEBUDETE BYŤ OBETOM. NEBUDETE BYŤ PERPETÁTOROM. NADVŠETKO NEMUSÍTE BYŤ OBSAHUJÚCI. - MÚZEUM HOLOCAUSTU, WASHINGTON, DC

Aj keď mnoho z nás postihnutých duševnými chorobami má často pocit, že sme obeťami tejto choroby, nie sme ničím iným ako zvládaním choroby, ktorá môže byť niekedy vysiľujúca. To sú obdobia, keď máme tendenciu uzatvárať sa pred priateľmi a rodinou.

Keď sa nachádzame uprostred zostupnej špirály duševnej choroby, prestaneme nielen tráviť čas s ostatnými, ale tiež sa prestaneme zúčastňovať na činnostiach, ktoré nás kedysi bavili. Je nanajvýš dôležité, aby sme sa naďalej sústredili na aspoň jednu činnosť, aby sme zabránili blúdeniu našej mysle. Ak naša myseľ nekontrolovane rastie, neustálym vláknom je pocit zúfalstva a zdá sa, že nikdy nekončí.

Uvedomte si, že kedykoľvek to je možné, ak náhle stratíme záujem o predmet, ktorý sme kedysi boli náruživí a horlivo sme si ho užívali. Je to zvyčajne znamenie, že podľahneme depresii a máme chuť to vzdať.

Pravidelne sa na nás kontrolujte, pretože sme v zraniteľnom stave a mohli by ste si vážne ublížiť. Neustále hovorte, pretože je potrebné, aby sme sa vyjadrili. Je to pre nás nesmierne ťažké, pretože sa nechceme vystavovať posmeškom a kritike od ľudí, ktorí tomu nerozumejú.

Tak často sa stretávame s mylnými predstavami o chorobe alebo s ľuďmi, ktorí nám neveria, radšej by sme si nechali pre seba. Pokiaľ s nami nebudete jednať každý deň, nebudete poznať znamenia alebo si uvedomovať, že existuje dokonca problém.

Nepredpokladajte iba preto, že si nasadíme odvážnu a šťastnú tvár, že sme tým, čím sa javíme. Vo vnútri sme vystrašení, nešťastní a zmätení. Pre ľudí okolo nás je dôležité, aby robili maximum, aby neprispievali k našej neistote.

To, že nám hovoríme, že by sme sa nemali cítiť tak, ako sa cítime, alebo sme blázni, nerobí nič okrem toho, že sa cítime horšie a zvyšuje mylné predstavy o duševných chorobách. Nechcete byť jedným z ľudí, ktorí páchajú stereotypy.

Naše činy sa môžu javiť iracionálne alebo absurdné, ale je to tak, ako sa choroba prejavuje navonok. Nesnažíme sa zámerne byť divní, ale je veľa prípadov, keď nedokážeme vokalizovať svoje myšlienkové pochody, takže to vychádza fyzicky v rôznych formách.

Neostaňte len bokom a sledujte náš rozpad. Nemali by ste sa báť objať nás pohodlne.

Opýtajte sa nás na otázky, ktoré vám poskytnú viac ako jednoduchú odpoveď áno alebo nie. Niektoré vzorové otázky zahŕňajú to, ako sa cítite, čo môžem urobiť a na čo myslíte. Takéto otázky nás začnú rozprávať a verbalizovať náš vnútorný dialóg.

Je dôležité nielen počúvať slová, ale aj našu mimiku a reč tela. Naše odpovede môžu byť niekedy krátke a stručné, napríklad jemné alebo nič, ale ak vaše oči odvracajú zrak alebo sme zhrbení, existuje veľká šanca, že nenájdeme a niečo určite nie je v poriadku.

Opýtajte sa nás, či sa chceme rozprávať o čomkoľvek, čo nás

trápi, a dajte nám vedieť, že ste ochotní nás skutočne počúvať. Dajte nám vedieť, že ste ochotní nás podporiť pri akomkoľvek rozhodnutí, ktoré urobíme pri liečbe našej choroby, ale buďte si istí, že nebudete robiť žiadne poznámky mimo ruky, pokiaľ ide o čokoľvek, čo sa rozhodneme sledovať.

Aj keď si možno myslíte, že ste zábavný, máme tendenciu považovať také veci za brutálne a zvyčajne to zlyhá. Chcete náš pokrok povzbudiť, nie mu zabrániť.

Budeme sa izolovať od kohokoľvek, o kom veríme, že je zámerne nenávistný alebo odmietne veriť, že máme niečo zlé. V hĺbke duše chceme byť lepší, ale nemôžeme, ak sa neustále stretávame s odporom.

TAK NAJVETŠÍ SVET NA SVETE EXISTUJE, ŽE VŠETKÝM MÁME POVINNOSŤ PRISPIEVAŤ, AKO MNOHO RADOSTI, AKO Klamstvá, V RÁMCI NAŠICH PRÁVOMOCÍ. - JOAN SUTHERLAND BONNELL

Je úlohou nás všetkých - vrátane tých, ktorí trpíme depresiou -, aby sme priniesli okolo seba čo najviac šťastia. Všetci sa radi smejú, najmä tí z nás, ktorí sa zaoberajú duševnými chorobami.

Ale je pre nás ťažšie nájsť zábavu v každodennom živote, keď sme vždy obklopení negativitou. Vďaka obrazom vojny a ľudí chrliacich voči sebe nenávistné a hanlivé poznámky sme ovplyvnení oveľa hlbšie ako ktokoľvek iný.

Immanuel Kent si raz položil nasledujúce tri otázky: 1. Čo môžem vedieť? 2. Čo by som mal urobiť? A

3. Čo môžem urobiť? Poďme preskúmať tieto otázky.

Čo môžem vedieť? Možno nebudete na začiatku schopní zhromaždiť veľa informácií, takže budete musieť vyhľadať iné zdroje.

Dobrým začiatkom je vaše miestne združenie pre duševné zdravie a tiež federálne združenie. Môžu vám poskytnúť základné informácie o rôznych formách duševných chorôb vrátane príznakov a prejavov. Môžu vám tiež poskytnúť spôsoby, ako môžete pomôcť nielen chorému, ale aj sebe.

Čo by som mal robiť? Najdôležitejšie je myslieť skôr, ako hovoríte. Je dôležité, aby ste nepoužívali slová ako blázon, oriešky alebo psycho. Takéto podmienky sú hanlivé a škodlivé pre naše zotavenie.

Po druhé, buď nám ramenom, na ktorom môžeme plakať alebo sa oň oprieť. Prídu chvíle, keď sa nám nebude chcieť o ničom hovoriť, ale stačí mať niekoho pri sebe.

Naopak, prídu chvíle, keď budeme potrebovať čas byť sami sebou. Pre nás je dôležitý priestor, aby sme sa preskupili, uvoľnili a pokúsili sa veci vyriešiť.

Na začiatku bude ťažké rozlišovať medzi oboma. Je v poriadku opýtať sa nás, či potrebujeme čas osamote, a toto je jeden z mála prípadov, kedy postačí odpoveď áno alebo nie.

Môžete buď navrhnúť osobe, aby niekam vyrazila na cestu, aj keď je noc v moteli v meste, alebo môžete ponúknuť prenocovanie u priateľa doma, aby mal človek pokoj a pohodu.

Kým sa nebudeme mať dobre, nemali by sme byť dlho ponechaní na svojich vlastných zariadeniach.

Príliš veľa času na našu myseľ umožní našej mysli putovať a ponoriť sa do hĺbky našej depresie.

Aj keď nechceme, aby sa s nami zaobchádzalo inak ako s kýmkoľvek iným, kým nebudeme diagnostikovaní alebo v počiatočných štádiách zotavenia, musíme s nimi zaobchádzať citlivejšie. Môžete nám povedať, že nám chcete pomôcť, ale nerozumiete tomu, ako sa cítime.

Požiadajte nás, aby sme sa pokúsili vysvetliť, na čo myslíme a ako sa cítime. Možno sami seba nepoznáme, ale začatie dialógu je dobrý začiatok. Môžete sa opýtať, či vieme, kedy sa tento konkrétny záchvat začal, pretože niektorí z nás prechádzajú cyklami depresie.

Existujú spúšťače, ktoré prispievajú k nášmu duševnému stavu a my si možno ani neuvedomujeme, čo to môže byť. Často sa cítime previnilo za udalosti alebo situácie, nad ktorými nemáme kontrolu, a to môže viesť k nášmu dlhšiemu pocitu smútku.

Robte, čo môžete, aby ste boli trpezliví, pokiaľ ide o naše neustále sa meniace nálady, a nezabudnite si urobiť čas pre seba. Ak ste sami v strese, nebudete nám k ničomu.

Čo môžem urobiť? Môže sa zobraziť požiadavka, aby ste sa vyrovnali s našimi mnohými zmenami nálad, ktoré sa môžu zdať niekedy drastické a náhle. Nemôžete tomu zabrániť, ale môžete sa pripraviť na nápor.

Pamätajte, že naše výbuchy s vami nemajú nič spoločné, takže sa snažte ich brať osobne. Ľahšie sa to povie, ako urobí, pretože to je ekvivalent toho, že nám hovoríte presne to isté.

Ak si to môžete dovoliť, môžete tiež vyhľadať poradenstvo pre seba. Rozhovor s odborníkom vám môže pomôcť nielen zvládnuť chorobu milovaného človeka, ale môže vám pomôcť získať prehľad o chorobe.

Možno budete dokonca schopní presvedčiť svojho blízkeho, aby sa k vám pripojil na niekoľkých sedeniach, keď už budete na chvíľu preč. Nenúťte problém, ale občas ho navrhnite. Uvidia, ako sa zlepšuješ, takže môžu ísť jednoducho zo zvedavosti.

Alebo môžu ísť, pretože vám chcú urobiť radosť. Tí z nás, ktorí trpia duševnými chorobami, sa chcú páčiť všetkým a sme zničení, keď to nedokážeme.

Akákoľvek unca kritiky, aj keď sa má chápať ako konštruktívna kritika, bude vždy prijatá zlým smerom. Dodá to na intenzite našej choroby a bude nás to dráždiť voči kritikovi.

Málokedy verbalizujeme svoje negatívne pocity zranenia a frustrácie. Spravidla sa prejavia ako záchvaty hnevu. Niektorí z nás sa vypnú a strašne potichu. Vydáme atmosféru nevôle, horkosti a extrémneho zranenia.

Aj keď sme na liekoch a / alebo sa liečime, máme zlé dni. Neexistuje žiadny definitívny časový rámec na to, aby sme vyšli z nášho „funku". Môže to trvať niekoľko hodín, pár dní alebo pár týždňov.

V týchto časoch je užitočné povzbudiť nás, aby sme sa sústredili na činnosť, ktorá nás baví. Stále zamestnanie nám umožňuje nezaoberať sa tým, ako sa cítime, a je veľká šanca, že naše „zlé dni" skončia oveľa skôr.

DUŠEVNÁ NEDOSTATOK SA NIČ NIŽDE NEMUSÍ ZAHANBOVAŤ, ALE NÁM VŠETKÝM zahanbí STIGMA A BIAS. - BILL CLINTON

Zvyčajne sú stigma a zaujatosť znakmi, že ľudia nerozumejú duševným chorobám a boja sa tých, ktorí ich majú, kvôli stereotypom. V tejto poslednej kapitole sa budem venovať nielen prejavom a prejavom duševných chorôb, ale aj tomu, čo môžete urobiť alebo povedať niekomu, kto sa s tým snaží vyrovnať. Aj keď to už bolo predtým, chcem zabezpečiť, aby tí, ktorí chorobu nemajú alebo ju chápu, získali prehľad a zručnosti, keď čelia osobe, ktorá má depresiu v ktorejkoľvek z jej foriem.

Jedným znakom toho, že máme depresívnu náladu, je izolácia. Vyhýbame sa všetkým situáciám, ktoré zahŕňajú ľudí, ktorých poznáme alebo musíme spájať s novými ľuďmi. Niektorí z nás zažívajú záchvaty paniky, keď dôjde k situácii, keď sme konfrontovaní s trávením času s niekým, koho nepoznáme.

Cítime sa, akoby sme boli pod neustálym dohľadom, aj keď druhá osoba o nás nemá nijaký predsudok. Naše vnímanie vecí je zvyčajne zahmlené, zvlášť predtým, ako vyhľadáme akýkoľvek typ liečby. Pred fungovaním v sociálnych situáciách sa musíme naučiť zvládať zručnosti.

Ďalším znakom alebo príznakom depresie je nespavosť alebo nepokoj na spánok. Pretože sú naše mysle v neustálom pohybe medzi tuctom rôznych predmetov, je pre nás ťažké si dobre oddýchnuť.

Pretože nemáme dostatok spánku, sme vhodnejší na to, aby sme boli náladoví a podráždení. Celý deň sme tiež unavení a nevieme prečo.

Je to tak, že nemáme taký hlboký spánok, aký požadujeme, a nie sme si vždy vedomí, že nespíme celú noc.

Ďalším znakom je to, že strácame záujem o aktivity, ktoré nás kedysi bavili, pretože už nevidíme zmysel ich robiť. Už nám nedávajú potešenie, ktoré kedysi robili. Je pre nás dôležité, aby sme sa zamerali aspoň na jednu činnosť, a mali by sme byť povzbudzovaní k tomu, aby sme sa venovali akejkoľvek činnosti.

Posledným znakom alebo príznakom je, že sa vždy zdá, že máme malé bolesti. Pretože ťažko verifikujeme svoj stav, môže sa to prejaviť fyzickou bolesťou.

Nepredstavujeme si bolesť a nemalo by sa to kefovať. Je to jednoznačný znak toho, že niečo nie je v poriadku, pretože naše telo nám hovorí, aby sme dávali pozor.

Ľudia sa často čudujú, prečo reagujeme na určité situácie tak, ako reagujeme. Zdá sa, že prehnane reagujeme na zdanlivo všedné veci, alebo sa stávame iracionálnymi v zjavných „neškodných" situáciách. Je to preto, lebo sme mimoriadne citliví na všetko a na všetkých okolo nás.

Jednotlivci bez duševnej choroby si neuvedomujú, čo hovoria, ako to hovoria a ako ich vyjadrujú, môžu na nás mať vplyv, a preto hovoria svoj názor bez pochopenia následkov. Akékoľvek nepatrné vnímanie na našich koncoch nás môže poslať do hlbín tak hlbokých, že môže trvať týždne, kým sa dokážeme vytiahnuť späť.

Je dôležité, aby si ľudia v našom živote všímali našu mimiku alebo tón nášho hlasu. Ak ľudia skutočne venujú pozornosť, zachytia slzy, ktoré sa nám tvoria v očiach, alebo chvenie v našich hlasoch.

Utešiť nás bude nesmierne ťažké potom, ako sme sa zranili, pretože budeme mať pocit, akoby ste sa len snažili upokojiť svoje previnené svedomie. Snažte sa, aby ste sa nestarali o to, že nás urazíte, pretože sa tomu nedá vyhnúť.

Keď budeme mať niektorý z našich voľných dní, budeme si všetko interpretovať nesprávne. Pokiaľ nebudeme mať také schopnosti, aby sme sa vyrovnali s našou chorobou, nič, čo urobíte alebo poviete, nebude mať pravdu, aspoň v našich očiach. Keď sme v režime obnovy, budú naše vzplanutia menej intenzívne a menej časté, ale budeme chcieť byť v režime obnovy.

Prídu chvíle, keď budeme potrebovať čas sami. Pomôže nám to preskupiť sa bez neustáleho zvedavého pohľadu iných ľudí alebo pocitu, akoby sme boli nútení robiť veci, ktoré nechceme robiť.

Máme tendenciu sa nad všetkým ľahko stresovať. Pretože si často vyčítame vždy, keď sa niečo pokazí, robíme všetko pre to, aby sme sa odosobnili od ľudí a situácie, ktoré by mohli nakoniec zablúdiť, sa neustále boja toho najhoršieho, najhoršieho sa vždy zdá, keď sme nablízku.

Prinajmenšom sa nám to zdá, pretože naša choroba hrá triky v tom, ako spracovávame ľudí a udalosti. Nie je to tak, že naše myslenie je nevyhnutne nesprávne; len sa na svet pozeráme úplne inak. Neobviňujte nás; viniť chorobu.

Spýtanie sa na veľa otázok je dobré, ale urobte, čo môžete, aby ste tie isté otázky nedávali opakovane. Viem, že ak odpoviem na otázku určitým spôsobom, bude ma nesmierne mrzieť, ak niekto bude klásť tú istú otázku v očakávaní inej odpovede.

Nielenže budem mimoriadne rozrušený, ale budem aj rozhodnejší vo svojej počiatočnej odpovedi. Spýtajte sa raz a potom to nechajte ísť. Nemá zmysel nás rozpracovávať, čo vás zase rozladí.

Často budete mať pocit, že ste v situácii, v ktorej nie je možné zvíťaziť, a bude to častejšie. Aj keď konečne pripustíme, nech už to urobíte - alebo neurobíte čokoľvek, bude to prázdne víťazstvo. Iba s tým súhlasíme, aby sme vás upokojili, alebo veríme, že vás poteší.

Najdôležitejšie je, nevzdávajte sa nás. Nebudeme lepšími, ak si myslíme, že nás všetci opustili. Zaobchádzať s nami je v najlepšom období skľučujúcou cestou, ale akonáhle si uvedomíme, že musíme vyhľadať pomoc, bude mi lepšie.

Všetci si zaslúžime myseľ v pokoji a pre niektorých z nás; musíme usilovnejšie pracovať, aby sme to dosiahli.

Pochopte, že je to práca, a nie niečo, čo sa jednoducho stane okamžite. Musíme zistiť, čo spúšťa každú depresívnu epizódu, aby sme mohli zaviesť kroky na jej rýchlejšie odstránenie.

Na záver ukradnem riadok tagov Burtona Cummingsa. Majte sa dobre a vážte si daný okamih.